35055026R10120

Made in the USA
Middletown, DE
01 February 2019